APRENDIENDO SOBRE el Calentamiento Global

¿Cómo se produce el aumento de la temperatura?	**2**
Efecto invernadero	
La deforestación...	
El IPCC	
Señales del calentamiento global	**8**
Cambios en nuestro planeta	
La plataforma Larsen B	
Resultados del calentamiento global	
Impacto sobre las especies	**14**
Los osos polares	
Los corales	
Amenaza al ecosistema	
El efecto del calentamiento global en nuestra vida	**18**
Extinción de algunas especies	
¿Cómo el calentamiento global afectará al hombre?	
¿Qué podemos hacer para frenar el calentamiento global?	**22**
Podemos empezar en nuestras propias casas	
Actividades	**26**
Proyectos	**30**
Glosario	**31**

¿Cómo se produce el aumento de temperatura?

El término **calentamiento global** se refiere al aumento de la temperatura media de la superficie del planeta. Para explicar este fenómeno, se suele recurrir a causas naturales o antropogénicas —provocadas por el ser humano— como las emisiones de los gases producto de combustibles fósiles, principalmente el carbón y derivados del petróleo, de industrias, refinerías, motores, etc. La elevación de la temperatura observada durante los últimos 30 años se debe muy probablemente a un aumento del efecto invernadero, causado por el incremento de las concentraciones de los gases de efecto invernadero (GEI) en el aire.

EFECTO INVERNADERO

Parte de la energía del Sol se condensa en la atmósfera y se mantiene a una temperatura media de 13 ºC (55,4 ºF), mientras que otra parte se refracta, en forma de calor, por la superficie terrestre. A este fenómeno natural se le denomina **efecto invernadero** y, sin él, no habría vida en la tierra ni en los océanos, por lo menos con la diversidad y complejidad que encontramos hoy día.

LA DEFORES

... es otro factor que agudiza el efecto invernadero, ya que los árboles absorben CO_2 y, por lo tanto, lo retiran de la atmósfera. Este proceso natural de retirada de CO_2 de la atmósfera por los árboles

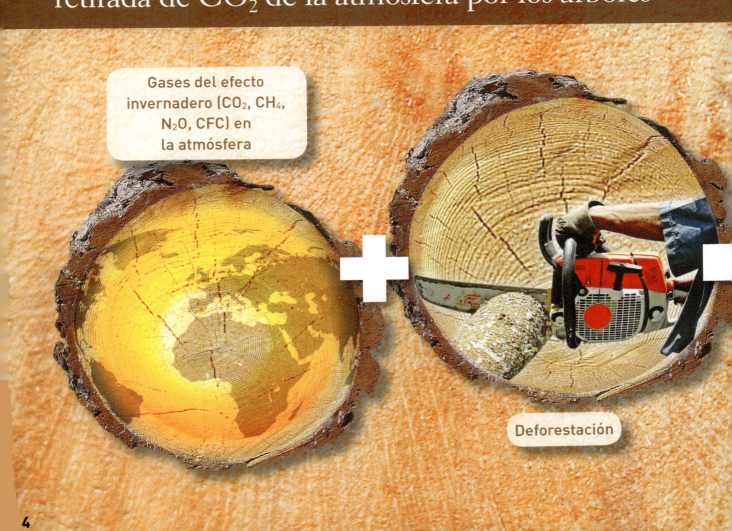

Gases del efecto invernadero (CO_2, CH_4, N_2O, CFC) en la atmósfera

Deforestación

LOS PRINCIPALES GASES DEL EFECTO INVERNADERO QUE CONTRIBUYEN A ELEVAR LA TEMPERATURA SON

CH₄ METANO
¿De dónde proviene?
- vertederos
- descomposición de materia orgánica
- quema de gas natural, de carbón y petróleo
- cría de ganado
- plantación de arroz
- tierras húmedas

N₂O ÓXIDO NITROSO
¿De dónde proviene?
- quema de combustibles fósiles y materia vegetal
- uso de fertilizantes
- procesos industriales

CO₂ DIÓXIDO DE CARBONO
¿De dónde proviene?
- respiración de los seres vivos
- descomposición de plantas y animales
- quemas de bosques
- fuentes de energía utilizadas por el ser humano (madera, carbón, petróleo y gas natural)
- deforestación
- fabricación de cemento

CFC CLOROFLUOROCARBONOS
¿De dónde provenienen?
- sistemas de refrigeración y aerosoles

Hay que recordar que el efecto invernadero existe en la Tierra independientemente de la acción del ser humano. Este fenómeno natural se convierte en un problema ambiental cuando la emisión de gases del efecto invernadero (como el dióxido de carbono, el metano, los clorofluorcarbonos y el óxido nitroso) se intensifica debido a la actividad humana. La mayor concentración de tales gases causa un aumento de la temperatura media de la Tierra conocido como **calentamiento global**.

Se considera el aumento de la concentración de CO_2 el factor principal del calentamiento global, porque cerca del 60% del volumen total de gases que causan el efecto invernadero está representado por el CO_2. El CO_2 permanece activo en la atmósfera durante 100 años aproximadamente e impide la liberación de la radiación reflejada por la superficie terrestre, lo que contribuye al calentamiento de nuestro planeta.[1]

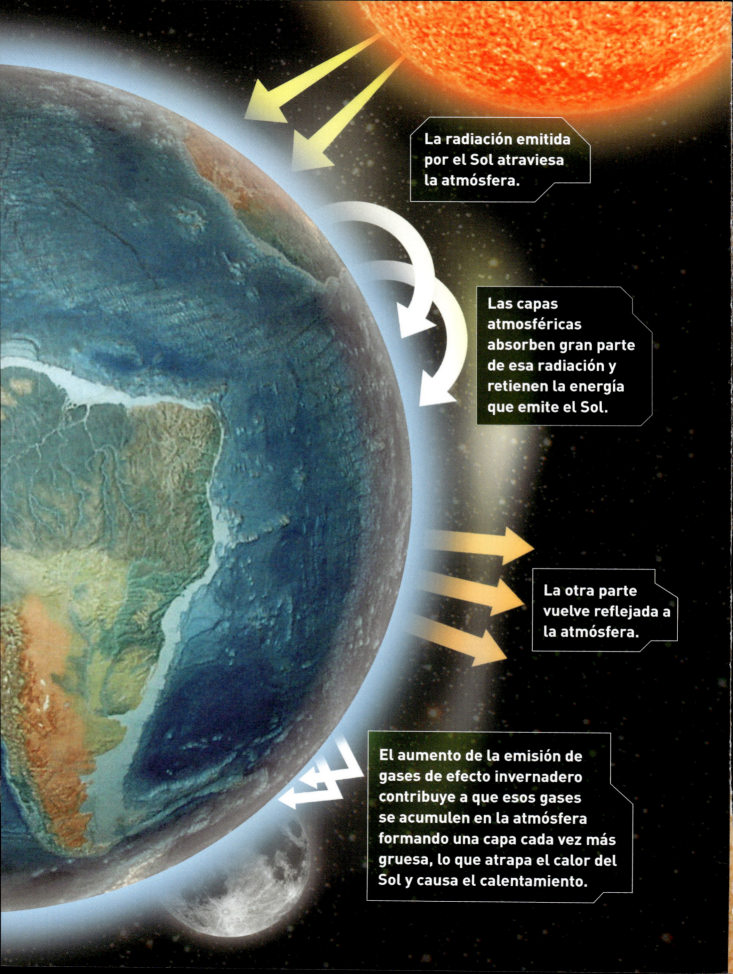

TACIÓN...

se conoce como fotosíntesis, aunque también lo realizan otros seres vivos. Con este proceso, no solo se retira CO_2 de la atmósfera, sino que se produce la devolución de O_2 (oxígeno) al aire.

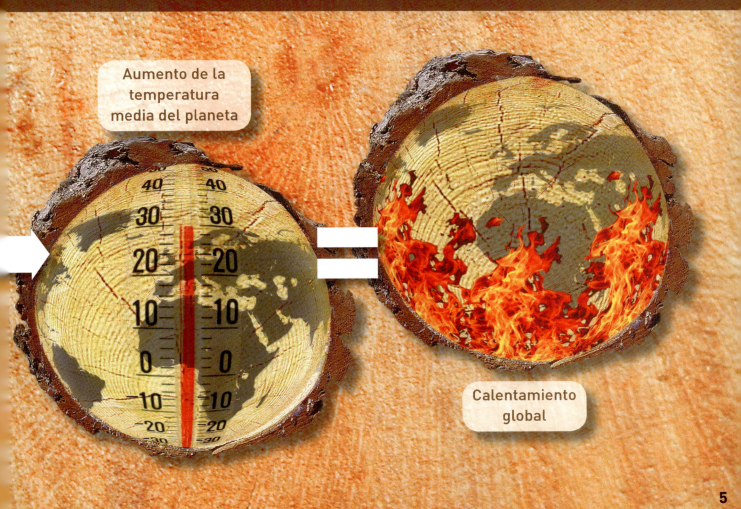

Aumento de la temperatura media del planeta

Calentamiento global

El IPCC

(Panel Intergubernamental del Cambio Climático) ya ha dado un alerta diciendo que el calentamiento observado en los últimos 100 años se debe a la acción del ser humano y que la temperatura media global puede aumentar entre 0,3 °C y 4,8 °C hasta 2100. ②

A continuación, relacionamos los cinco mayores emisores de CO_2 (por persona/año) del mundo:

		EMISIÓN DE CO_2 (en toneladas)
1.º	Catar	40,3
2.º	Estados Unidos	17,5
3.º	Australia	16,9
4.º	Canadá	14,6
5.º	Rusa	12,2

A pesar de que últimamente el tema del calentamiento global se ha vuelto corriente en los medios de comunicación, no es algo nuevo. Los cambios climáticos existen desde la formación del planeta, y la ciencia sigue con interés estas alteraciones desde hace mucho tiempo. A lo largo de los últimos 30 años, se han creado varias organizaciones, se han organizado conferencias y se han firmado protocolos.

ESTADOS UNIDOS, UNO DE LOS MAYORES CONTAMINADORES DEL MUNDO, abandonó en 2001 el Protocolo de Kioto, alegando que el pacto era demasiado caro para la economía estadounidense y excluía de manera injusta a los países en desarrollo.

1997

El **Protocolo de Kioto** exige que los países industrializados reduzcan las emisiones de seis gases de efecto invernadero en un 5,2% —en comparación con los niveles de emisión de 1990— dentro del período que va desde el 2008 hasta el 2012. El Protocolo es un "programa marco". Un aspecto importante de ese acuerdo es que tan solo los países ricos, del denominado Anexo I (Alemania, Australia, Canadá, Estados Unidos, Rusa, Francia, Japón, Reino Unido, entre otros), están obligados a reducir sus emisiones. Los países en vías de desarrollo como Brasil, China e India, que son grandes emisores de contaminantes, pueden participar del acuerdo, pero no tienen tasa límite de emisión como los países del Anexo I.[4]

1987

46 países firman el **Protocolo de Montreal**, que establece la reducción del consumo y de la producción de sustancias que destruyen la capa de ozono, como los CFC.

1988

La Organización Meteorológica Mundial (WMO) y el Programa Ambiental de las Naciones Unidas (UNEP) establecen el IPCC. Punto de referencia para la creación de un consenso científico sobre la medición y el análisis del calentamiento global, el IPCC se encarga de publicar regularmente actualizaciones sobre el progreso de los conocimientos acerca del tema.

2012

En una conferencia que se celebró en Doha, Catar, los gobiernos de 194 países lograron un acuerdo de mínimos para prorrogar el Protocolo de Kioto hasta el 2020.
Sin embargo, países como Rusia, Japón y Canadá, grandes contaminadores, no accedieron a esta conferencia, con lo que las emisiones de CO_2 de los participantes suponen apenas 15% de las emisiones mundiales.
Las negociaciones para prorrogar el Protocolo comenzaron el 2013.[5]

SE PUEDE DECIR que la causa del calentamiento global está unida al aumento de la concentración atmosférica de los GEI, que es consecuencia directa, por su parte, de la interferencia de determinadas actividades económicas en la naturaleza, sobre todo de las que tienen que ver con los sectores de energía y transportes, y también con la deforestación.

Señales del Calentamiento Glob

Ya no hay dudas de que el calentamiento global es la causa del aumento de la temperatura mundial. Pero ¿es posible que esto pueda provocar alguna modificación en nuestro planeta?

Las señales del CALENTAMIENTO GLOBAL ya se pueden sentir en cualquier parte del planeta, con veranos más calurosos e inviernos más cortos y menos fríos.

2010 fue el año más caluroso de los últimos 30 años, con una TEMPERATURA media de 14,59 °C, seguido de 2005, con 14,58 °C y de 1998 con 14,56 °C. [6]

El aumento de la temperatura está provocando el DERRETIMIENTO de los glaciares de montañas (que poseen el 9% del agua dulce del planeta) y de continentales como los de la Antártida y Groenlandia. Los glaciares de todo el mundo concentran el 70% de la reserva de agua potable del planeta.

El que se derritan los glaciares de montaña, además de ser una AMENAZA para las reservas de agua dulce, aumenta la posibilidad de provocar deslizamientos de tierra y torrentes, y eso pone en peligro las poblaciones que viven en los valles.

Además de la pérdida de la principal reserva de agua potable del planeta, el derretimiento de los glaciares continentales es PELIGROSO también para las embarcaciones pues, a causa del aumento de la temperatura mundial, se deslizan lentamente hasta el mar donde, durante el verano, se fragmentan dando origen a los ICEBERGS.

La reacción en cadena de estos deshielos va desde el aumento del nivel del mar hasta la FALTA de agua para beber y regar las tierras cultivables.

La **PENÍNSULA ANTÁRTICA** es el punto donde los efectos del calentamiento global se hacen más evidentes. Allí fue donde se produjo la rotura de la plataforma de hielo **Larsen B**. En los últimos 20 años, esta región ha perdido un área de **9800 km²**.

ES IMPORTANTE observar la rapidez con la que el hielo se derrite en un escenario de calentamiento global...

IMÁGENES DEL SATÉLITE de la NASA muestran las etapas de desintegración de la plataforma de hielo Larsen B, en 2002. Aquel año, un área de 2500 km² se fragmentó en pequeños icebergs en tan solo 35 días.

El desprendimiento de 2002 se considera el fenómeno más importante de este tipo registrado en los últimos 30 años.

... QUE TIENE LA SIGUIENTE ECUACIÓN:

mundo más caliente + **hielo se derrite** = **crece el nivel de los océanos**

En Europa, las olas de calor han contribuido a que la zona sea más seca y vulnerable a los incendios. En algunas partes del continente se produjo el fenómeno inverso: el calentamiento del agua aumentó el volumen de lluvias en la zona.
Existen indicios de que las inundaciones que se produjeron en el sur de Alemania y Suiza en los últimos años se debieron a un proceso semejante.

Los océanos pueden subir entre 26 y 82 cm antes del final del siglo, lo suficiente para amenazar las islas del Pacífico, Holanda y Bélgica.[8]

En Etiopía, las sequías anuales agudizan la hambruna a que la población ya está condenada.

Si por un lado el calentamiento global hace que se derrita el hielo y se eleve el nivel del mar, por otro, hay regiones que se están volviendo cada vez más secas. El total de áreas afectadas por sequías ha doblado en los últimos 35 años. [9] La cuarta parte de la superficie del planeta es puro desierto hoy día. Solamente en China, las áreas desérticas avanzan 10 000 km² por año, lo equivalente al territorio del Líbano.

Además de las inundaciones, se observa un cambio en la frecuencia, intensidad y trayectoria de los huracanes de categoría 4 (vientos entre 210 y 249 km/h) y 5 (vientos superiores a los 249 km/h), que prácticamente doblaron en los últimos 40 años, período en que la temperatura media de los océanos aumentó 0,5 grados y se formó más vapor de agua, contribuyendo a incrementar la fuerza de los huracanes. [10]

Huracán Rita, en Cuba

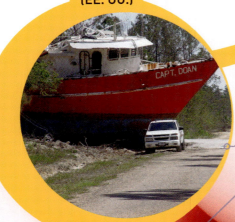

Huracán Katrina, que destruyó Nueva Orleans (EE. UU.)

La mayoría de las catástrofes sucedidas los últimos años está relacionada con los cambios climáticos: inundaciones, tornados, huracanes y sequías que han transformado la naturaleza.

Impacto sobre

EL EFECTO DEL CALENTAMIENTO GLOBAL ya se puede sentir tanto en la tierra como en el agua y en el aire, lo que pone en peligro la supervivencia de varias especies de la fauna y de la flora de nuestro planeta.
Según el IPCC, entre el 20% y el 30% de las especies estarán amenazadas de extinción en este siglo si la temperatura media del planeta aumentar entre 2 °C y 3 °C en relación a la temperatura media de los años 90. ⑪
LOS CORALES Y LOS OSOS POLARES serían las primeras víctimas de ese cambio climático.

LOS OSOS POLARES se encuentran distribuidos en el hemisferio norte, en las tierras de Alaska, Groenlandia, Rusia y Canadá y en las islas de Noruega. Como en el Ártico el ritmo de calentamiento es dos veces más rápido que en el resto del planeta, los osos polares están amenazados por la disminución de la capa de hielo, hecho que reduce su territorio de caza y los lleva a morir de hambre.
Otra causa de muerte del oso polar es el ahogamiento, pues a pesar de ser un excelente nadador y atravesar grandes distancias, el oso polar necesita descansar en bloques de hielo. Y como estos son cada vez más escasos, resulta que el oso no tiene dónde apoyarse y se ahoga.

las especies

LOS CORALES POSEEN en su interior algas que producen compuestos orgánicos nutritivos y que les sirven de alimento. Con el aumento de la temperatura y de la acidez del agua, los corales expulsan estas algas y se convierten en esqueletos blancos. Ese fenómeno es conocido como "blanqueamiento de corales". Esas algas también están involucradas en la producción de calcio para formar el esqueleto del coral.

La gran barrera de coral que se extiende a lo largo de 2200 km al noreste de Australia ya ha padecido dos grandes fenómenos de blanqueamiento, aunque ha conseguido regenerarse.
Preocupa el hecho de que los arrecifes de coral pasen por un nivel de blanqueamiento crítico a partir del cual no consigan recuperarse en el futuro.[12]

El calentamiento global también amenaza a otras especies del ecosistema...

Con el aumento de la temperatura media del planeta, la Amazonia, que es la mayor selva ecuatorial del mundo, perderá gran parte de su humedad y, como consecuencia, la densa vegetación ecuatorial se sustituiría por vegetación rastrera y escasa, típica del cerrado. Además de acabar con diversas especies vegetales, el cambio en el ecosistema de la Amazonia también provocaría la extinción a gran escala de especies animales.

Aunque sea imposible probar que los cambios que se están produciendo se deben al calentamiento global, la evidencia es tan clara y la falta de otras explicaciones coherentes tan grande, que es prácticamente inconcebible que se trate de meros cambios casuales.

El caparazón de los moluscos puede disolverse debido al aumento de la acidez del agua, provocado por la concentración de CO_2. Este gas al ser "absorbido" por el agua, forma un ácido carbónico que, aunque no es muy denso, puede destruir las conchas, poniendo en peligro innumerables ecosistemas marinos.

El cambio climático global traerá consigo la disminución en la cantidad de nutrientes en las capas superficiales del océano, lo que significará menos fitoplancton, menos producción de materia orgánica y, en consecuencia, menos peces.

Los peces también pueden morir porque les será más difícil respirar debido al aumento de la acidez del agua. El sistema reproductor de algunas especies también resultará alterado debido al aumento de dicha acidez.

La especie del pequeño crustáceo krill, del que se alimentan mamíferos marinos como las ballenas, también está disminuyendo debido al aumento de la temperatura y de la acidez del agua. Algunas especies de ballenas podrían desaparecer a causa de eso.

La subida del nivel del mar puede provocar la destrucción de los manglares, que corren el riesgo de resultar inundados a causa del calentamiento global. Los manglares son cuna natural de numerosas especies y garantizan la reposición de los bancos de peces en el mar.

17

El efecto del calentamiento

La especie humana ¿está amenazada de extinción?

SI TENEMOS en cuenta que la especie humana, como todos los mamíferos, presenta un sistema fisiológico de control de temperatura y ha desarrollado técnicas para mantenerse más o menos caliente, independientemente de la temperatura ambiental, podemos concluir que el ser humano no sufrirá con el aumento de la temperatura, ¿verdad? No.

global en
nuestra vida

EL AUMENTO DE LA TEMPERATURA, además de influir en la vida del ser humano, también afecta directamente la supervivencia de algunas especies. Sobre todo las que no poseen mecanismos fisiológicos de control de temperatura, como los encontrados en aves y mamíferos, que permiten a estos animales mantener su temperatura corporal independiente de la temperatura ambiente. Sirva como ejemplo el caso del sapo dorado que, al no tener hacia dónde escapar del creciente calor, terminó extinguiéndose.

Medioambiente

El calentamiento global también afectará al ser humano si no se revierte la situación

LOS GLACIARES del Himalaya, de los Andes y de los Alpes, que actúan como reservas naturales de agua dulce, se derretirían rápidamente a causa del calentamiento global, lo que causaría inicialmente un aumento del cauce de los ríos y lagos, provocando posteriores inundaciones. Sin embargo, después de esto, llegaría la época de sequías y millones de personas se verían afectadas por la falta de agua.

LAS PERSONAS que viven en las zonas costeras, principalmente de Asia, también resultarían afectadas con el derretimiento de los glaciares continentales, lo que provocaría un aumento del nivel del mar. Se calcula que el derretimiento de tan solo un 20% de los glaciares de Groenlandia y un 5% de la Antártida aumentaría el nivel del mar entre cuatro y cinco metros. La elevación del nivel del mar de unos 400 mm en la Bahía de Bengala crearía 710 millones de refugiados climáticos. [13]

Ciencia

LA POBLACIÓN de las zonas más pobres del mundo, como África y Asia, sufrirá más con el aumento de la temperatura, dado que ese fenómeno podrá afectar el rendimiento de las producciones agrícolas y provocar cada vez más escenas de sequía. Sequías que dejarán a una de cada seis personas con escasez de agua: en consecuencia, aumentará el hambre y aparecerán enfermedades.

ADEMÁS DE inundaciones y sequías provocadas por el calentamiento global, los habitantes de las áreas urbanizadas se verían afectados por problemas respiratorios, causados por contaminantes resultantes de las emisiones de gases de fábricas, centrales termoeléctricas y tubos de escape de automóviles.
Según la Organización Mundial de la Salud (OMS), cerca de 2 millones de personas mueren hoy día por la contaminación del aire.⑭

LAS OLAS de calor, junto con las inundaciones en ciudades con un alcantarillado deficiente, podrían promover la proliferación de mosquitos transmisores de enfermedades como el dengue y la malaria. La elevación de las temperaturas a escala mundial haría que la malaria surgiese donde antes no existía o donde fue erradicada hace mucho tiempo.

El ser humano, a pesar de todo el avance tecnológico que ha conquistado hasta el momento, no escapará de las consecuencias provocadas por el calentamiento global y, aunque las emisiones de gases carbónicos se mantuviesen en los mismos niveles del año 2000 y nadie construyese ninguna fábrica más, ni se comprase ningún coche nuevo, la temperatura subiría, como mínimo, 0.1 grado por década.

¿Cómo cambiar semejante panorama?

¿Qué podemos hacer para frenar el CALENTAMIENTO

Nosotros, seres humanos, somos los principales culpables del calentamiento global y de la consiguiente destrucción de nuestro hábitat natural. Pero ¿qué podemos hacer para reducir el daño causado a la naturaleza y preservar nuestro planeta para las futuras generaciones?

ENCONTRAR FUENTES de energía alternativa se ha convertido en una necesidad urgente para disminuir o parar las emisiones de CO_2, principal responsable del calentamiento global.

Y ya que los medios de transporte son uno de los principales responsables de la emisión de gases nocivos al medioambiente, la sustitución de la gasolina por biocombustibles sería una alternativa energética menos contaminante.

Además, se pueden sustituir los combustibles de origen fósil (petróleo y carbón), muy utilizados por la industria, pero que también se hacen presentes en las viviendas y en la agricultura, por:
- energía eólica (energía que se obtiene del viento, no causa daños ambientales y supone un reducido coste de producción);
- centrales hidroeléctricas;
- energía solar;
- energía geotérmica (energía proveniente del calor del centro de la Tierra y que es transformada en energía eléctrica);
- energía de las olas y de las mareas.

GLOBAL?

VIVIMOS en un mundo lleno de energía y la naturaleza trabaja constantemente para renovarla. Nosotros solo necesitamos aprender a respetar sus límites.
En países como Dinamarca, Alemania, España y Estados Unidos ya existen tasas, subsidios y mecanismos de incentivos para que las empresas y los gobiernos utilicen energía generada por aire, Sol y agua. Esta medida ya ha logrado un incremento del 35% al año en el uso de energía eólica y paneles solares.

Pero, además de buscar nuevas fuentes de energía, es necesario que se produzcan grandes cambios, sobre todo en lo referente a los hábitos y derroche de energía.

ESTOS CAMBIOS DEBERÍAN OCURRIR

EN LAS INDUSTRIAS:
- Producción de equipos eléctricos más eficientes y duraderos.
- Sustitución de pantallas de computadoras convencionales por las de LCD, que consumen menos energía, generan menos calor y se fabrican con material reciclado.

EN LA AGRICULTURA Y LA GANADERÍA:
- Técnicas avanzadas de plantación de arroz y la cría de ganado para disminuir emisiones de CH_4 (uno de los gases responsables del calentamiento global).
- Construcción de biodigestores que retiran metano del estiércol de animales y producen biogás (que se puede usar como combustible de vehículos motorizados o para producir electricidad y calor en generadores).
- Erradicación de la deforestación.

TAMBIÉN SERÍA NECESARIO:
- Utilizar más el transporte público o los no motorizados, como la bicicleta.
- Restringir el uso de coches (peajes dentro de las ciudades y tasas más elevadas).
- Fabricar vehículos más económicos.
- Pasar del transporte de carga por carretera a un sistema ferrocarrilero.

Cada uno de nosotros puede realizar algunas sencillas acciones, basta con modificar pequeños hábitos y con eso colaboraremos a no aumentar el calentamiento global.
PODEMOS EMPEZAR, POR EJEMPLO, EN NUESTRAS PROPIAS CASAS:

1 Apagar las luces cuando no hay nadie en la habitación.
2 Sustituir las bombitas que más se utilizan por tubos fluorescentes.
3 Cerrar la ducha cuando se esté enjabonando, con el fin de evitar el derroche de agua.
4 Comprar alimentos orgánicos y propios de la estación.
5 Colocar la tapa a las ollas cuando esté cocinando, así no se pierde energía y se reduce el tiempo de cocción.
6 Utilizar el microondas en lugar del horno eléctrico convencional, es más rápido.
7 Desenchufar los electrodomésticos en reposo (esa lucecita roja o verde que aparece cuando el aparato está apagado), porque existe consumo de energía.
8 Instalar paneles solares para calentar agua.
9 Llamar un solo ascensor, no los dos al mismo tiempo.
10 Usar las escaleras para subir o bajar uno o dos pisos.
11 Elegir los modelos bicombustibles al comprar un coche. Hacer siempre su revisión.
12 Vigilar las ruedas del coche para que estén bien calibradas.
13 Dejar el coche en el garaje y utilizar el transporte público.
14 Plantar árboles y solo comprar muebles de madera certificada (madera de reforestación).
15 No quemar la basura, RECICLARLA.

Para las claves y más información, accede a www.santillanaespanol.com.br.

PÁGINAS 2 A 7 — CUESTIONES.

1. ¿Qué fenómeno natural mantiene la Tierra a una temperatura media de 13 °C (55,4 °F)?
   a. Efecto invernadero
   b. Calentamiento global
2. ¿Cuál es el principal gas que causa el efecto invernadero?
   a. Oxígeno
   b. Dióxido de carbono
3. ¿Qué gas proviene de la quema de combustibles fósiles?
   a. Óxido nitroso
   b. Oxígeno
4. ¿Qué gas proviene naturalmente de la descomposición de la materia orgánica?
   a. Oxígeno
   b. Metano
5. ¿Qué gas provoca la destrucción de la capa de ozono?
   a. CO_2
   b. CFC
6. El aumento de la temperatura media de nuestro planeta provoca el...
   a. calentamiento global
   b. efecto invernadero
7. ¿Qué gas se retira de la atmósfera mediante la fotosíntesis?
   a. Dióxido de carbono
   b. Oxígeno
8. ¿Cuáles son los principales factores responsables de la contaminación del medio ambiente?
   a. Quema de combustibles fósiles, quemas y deforestación
   b. Reforestación y fotosíntesis
9. ¿Cuál es el país que más contamina nuestro planeta?
   a. Rusia
   b. Catar
10. ¿Qué protocolo prohibió el consumo y la producción de sustancias que destruyen la capa de ozono?
    a. Protocolo de Montreal
    b. Protocolo de Kioto
11. ¿Cuál es el protocolo que exigió que los países industrializados redujesen las emisiones de seis gases de efecto invernadero en un 5,2% antes de 2012?
    a. Protocolo de Montreal
    b. Protocolo de Kioto
12. ¿Cuál es el país que abandonó el Protocolo de Kioto en 2001?
    a. Rusia
    b. EE. UU.

PÁGINAS 8 A 13 — CUESTIONES.

1. ¿Cuál ha sido el año más caluroso de los últimos 30 años?
   a. 2003
   b. 2004
   c. 2010
2. ¿Qué puede provocar el derretimiento de los glaciares de montaña?
   a. Huracanes
   b. Inundaciones
   c. Lluvias
3. Un mundo más caliente significa que el hielo se derrite más y aumenta el nivel de los (las)...
   a. lluvias
   b. ríos
   c. océanos
4. ¿Cuál es el lugar donde se concentra el 9% de la reserva de agua dulce del planeta?
   a. Glaciares de montañas
   b. Ríos
   c. Lagos
5. ¿Dónde se encuentra la plataforma de hielo Larsen B?
   a. En el Himalaya
   b. En la península antártica
   c. En los Alpes
6. ¿Cuál es la extensión del área de hielo que se separó de la plataforma Larsen B en 2002?
   a. Menos de 100 km^2
   b. Entre 100 km^2 y 500 km^2
   c. Más de 2000 km^2
7. ¿Qué produjo esta fragmentación?
   a. Icebergs
   b. Lluvias
   c. Huracanes
8. En los últimos 40 años la temperatura media de los océanos aumentó, lo que puede estar relacionado con el aumento de...
   a. sequías
   b. huracanes
   c. inundaciones
9. ¿Cómo se llamaba el huracán que destruyó Nueva Orleans?
   a. Katrina
   b. Rita
   c. Dennis

TAREA

Investiga sobre los cambios climáticos y su impacto en la región donde vives. Presta atención a los siguientes puntos: crecimiento poblacional, zonas de área verde, aumento de la temperatura y del número de vehículos e industrias.

PÁGINAS 14 A 17 — CRUCIGRAMA.

1. Uno de los lugares en donde viven los osos polares.
2. Además de morirse de hambre, los osos polares también pueden morir...
3. Además de los osos polares, ¿cuál es otra víctima del calentamiento global?
4. Fenómeno que se está produciendo entre los corales debido al aumento de la temperatura.
5. El aumento de la acidez en los océanos se debe al aumento de un gas del efecto invernadero. ¿Cuál?
6. ¿Qué zona selvática se verá más afectada con el aumento de la temperatura del planeta?
7. ¿Qué mamífero marino se alimenta a base de un pequeño crustáceo llamado krill?
8. ¿Cómo se llaman las cunas naturales que garantizan la reposición de los bancos de peces?

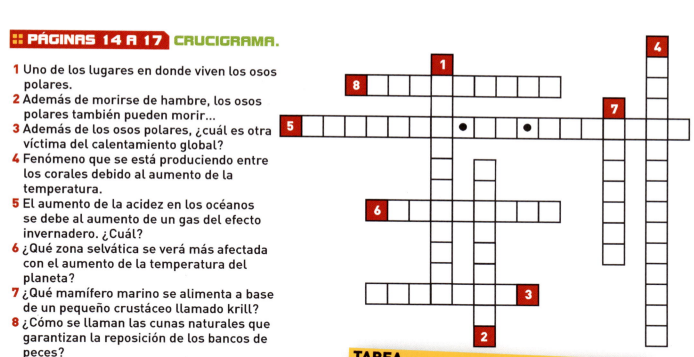

TAREA
La selva amazónica es un ecosistema de gran diversidad. Busca dos especies de animales y dos especies de vegetales característicos de la Amazonia.

BUSCA EN LA SOPA DE LETRAS SIETE TÉRMINOS RELACIONADOS CON EL CALENTAMIENTO GLOBAL.

Q	I	R	T	Y	U	I	O	D	A	S	T	D	A	S	F	G	N	I	U
A	N	A	F	A	M	I	N	E	T	E	E	E	S	R	A	L	R	D	E
D	U	D	F	E	R	E	U	F	S	U	R	A	T	F	Z	O	E	E	D
G	N	E	G	U	T	D	O	O	A	D	I	I	U	D	E	B	A	R	C
I	D	T	H	E	F	T	P	R	R	E	O	N	O	W	G	A	T	T	T
T	A	R	I	T	C	I	L	E	V	F	X	U	P	E	U	L	U	Y	G
R	C	Y	P	U	S	O	D	S	B	O	T	T	L	H	A	M	B	R	E
N	I	F	A	O	E	P	E	T	O	R	A	D	I	A	R	A	O	I	U
J	O	C	R	P	I	O	R	A	P	E	R	A	H	N	E	R	P	O	I
D	N	S	E	A	A	L	Y	T	J	S	U	T	A	U	C	M	S	P	O
O	E	A	T	Y	W	U	F	I	E	T	P	I	U	I	K	I	R	S	P
P	S	S	U	U	D	C	T	O	U	A	L	O	T	J	U	N	O	W	L
U	H	S	E	Q	U	I	A	B	O	C	D	N	G	B	Y	G	G	N	G
E	E	D	R	O	U	O	H	T	P	I	E	A	I	R	A	L	A	M	D
T	A	R	W	T	R	N	E	E	D	O	A	R	D	E	R	B	H	A	S
Y	U	T	F	O	E	M	R	U	E	N	S	T	E	R	E	A	U	D	E
C	T	U	P	O	L	L	U	T	I	O	N	I	A	T	W	L	Q	E	F

27

:: DESCUBRE LAS EXPRESIONES QUE CORRESPONDEN A LAS SIGUIENTES FRASES.

1. Fenómeno natural que mantiene la temperatura del planeta y sin el cual no habría vida ni en la tierra ni en los océanos.
1 12 1 2 9 4 ▢ 3 11 15 1 13 11 8 10 1 13 4

2. Gas del efecto invernadero que se origina de forma natural por la descomposición de materia orgánica.
6 1 9 8 11 4

3. Proceso que lleva a la destrucción de los bosques a raíz de la tala de árboles.
10 1 12 4 13 1 0 9 8 2 3 4 11

4. Pueden provocar inundaciones si se descongelan.
7 5 8 2 3 8 13 1 0

5. Animales que tendrán dificultad en respirar debido al aumento de la acidez del agua.
17 1 2 1 0

6. Animal que sufrirá el fenómeno del blanqueamiento.
2 4 13 8 5

7. El ser humano debe preservar la...
11 8 9 16 13 8 5 1 14 8

:: DESCUBRE EL TEXTO RELLENANDO LOS CUADRADOS SEGÚN LAS LETRAS NUMERADAS DE LA ACTIVIDAD ANTERIOR.

▢▢ ▢▢▢H▢▢▢▢▢ ▢▢, ▢▢ ▢H▢▢H▢
1 5   0 1 13 16 6 8 11 4   1 0 10 1 1 2 4

▢▢ ▢▢▢▢▢▢▢▢▢ ▢▢▢▢▢▢▢▢▢▢B▢▢
1 5 17 13 3 11 2 3 17 8 5   13 10 17 4 11 0 8   5 1

▢▢▢ ▢▢▢▢▢▢▢▢▢▢▢▢ ▢▢▢▢▢B▢.
10 1 5   2 8 5 1 11 9 8 6 3 1 11 9 4   7 5 4   8 5

¿▢Q▢ ▢▢B▢▢▢▢ H▢▢▢▢
  16 1   10 1 1 6 4 0   8 2 1 13

▢▢▢ ▢▢▢▢▢▢▢ ▢▢▢ ▢Ñ▢ ▢▢
17 8 13 8   13 1 10 16 2 3 13   5 4 0   10 8   4 0

▢ ▢▢▢ ▢▢▢▢▢▢▢Y▢▢
8   5 8   11 8 9 16 13 8 5 1 14 8

▢▢▢▢▢▢▢▢ ▢▢ ▢▢▢▢▢▢▢ ▢▢▢▢ ▢▢▢
17 13 1 0 13 12 15 8 13   1 5 17 5 8 11 1 9 8   17 8 13 8   5 8 0

▢▢▢▢▢▢▢ ▢▢▢▢▢▢▢▢▢▢▢▢?
12 16 9 16 13 8 0   7 1 11 1 13 8 2 3 4 11 1 0

28

:: **LEE ATENTAMENTE CADA FRASE Y RESPONDE SI ES VERDADERA (V) O FALSA (F).**

1 ( ) La deforestación no contribuye al calentamiento global.

2 ( ) El ser humano es el principal responsable del calentamiento global. Y él mismo debe encontrar soluciones urgentes para evitar grandes catástrofes.

3 ( ) El informe del IPCC concluye que habrá menor disponibilidad de agua en las zonas ya secas de regiones subtropicales y que el aumento del nivel del mar provocará inundaciones en zonas bajas y pobladas.

4 ( ) El aumento de la temperatura terrestre no influye en los movimientos migratorios de los animales que buscan mejores condiciones ambientales, porque no corren riesgo de extinción.

5 ( ) La población de la India no puede sufrir hambre a causa de la reducción de la producción de alimentos, como consecuencia del calentamiento global, porque en estas regiones no se produce un aumento de temperatura.

:: ERES CIENTÍFICO... ¡Realiza un experimento!

Material:
- DOS VASOS IGUALES CON LA MISMA CANTIDAD DE AGUA
- PAPEL DE ALUMINIO
- CAJA GRANDE DE ZAPATOS
- TIJERAS
- PAPEL PLÁSTICO TRANSPARENTE
- TERMÓMETRO

Montaje:
1. Recubre el interior de la caja con el papel de aluminio y coloca uno de los vasos en el interior de la caja.
2. Tapa la caja con el papel plástico transparente y coloca la caja y el otro vaso bajo la luz del Sol o bajo una lámpara encendida.
3. Pasados diez minutos, abre la caja y, con el termómetro, mide la temperatura del agua de los dos vasos.

Compara:
1. ¿En qué vaso el agua está más caliente? Formula una hipótesis para este experimento.
   (**Sugerencia:** compara lo que está ocurriendo con el efecto invernadero).

:: ERES PERIODISTA...
¡Escribe una página de periódico!

UTILIZA LAS ÚLTIMAS NOTICIAS QUE ENCUENTRES SOBRE EL CALENTAMIENTO GLOBAL.
PARA MONTAR ESTE PERIÓDICO, BUSCA ENTRE LOS SIGUIENTES SITIOS:

www.elpais.com
www.lanacion.com.ar
www.lavanguardia.es
www.folha.com.br
www.estadao.com.br
www.globo.com
globonews.globo.com

:: ERES AMBIENTALISTA...
¡Alerta a la población sobre el calentamiento global!

HAZ VOLANTES Y DISTRIBÚYELOS ENTRE LOS COMPAÑEROS DEL COLEGIO CON SUGERENCIAS SOBRE CÓMO NO DERROCHAR. **CON ESTO, CONTRIBUIRÁS A LA DISMINUCIÓN DEL CALENTAMIENTO GLOBAL.**

PARA LA DISTRIBUCIÓN DE ESTOS VOLANTES, HAZ UNA CAMISETA CON UNA FRASE QUE LLAME LA ATENCIÓN DE LA GENTE.

:: ERES MÚSICO...
¡Involúcrate totalmente!

TE HAN CONTRATADO PARA ESCRIBIR LA LETRA DE UNA CANCIÓN CUYO TEMA ES EL CALENTAMIENTO GLOBAL. ESTA CANCIÓN SE UTILIZARÁ PARA DIVULGAR LA ONG DE TU COMPAÑERO AMBIENTALISTA.

GLOSARIO

acuerdo: convenio
agudizar: agravar, empeorar
alcantarillado: red de desagües
ascensor: mecanismo para subir o bajar en un edificio
ballena: mamífero marino de gran tamaño
blanco: del color de la nieve
bloque: agrupación de países con una finalidad común
bombita: bombilla, lámpara
bosque: foresta
cadena: hechos que se suceden uno tras otro
calentamiento: elevación de la temperatura
cambio climático: transformación del clima
capa de ozono: estrato en la atmósfera donde se concentra ese gas (ozono) que atenúa la radiación ultravioleta
caparazón: revestimiento duro que protege el cuerpo de algunos animales, como la tortuga
carbón: materia sólida, combustible, que se obtiene quemando la leña

cauce: lecho de río
cemento: polvo mineral que se utiliza para hacer el hormigón
convertir: transformar
coste: costo
cuna: origen
deforestación: tala
desenchufar: desconectar
deshielo: derretirse el hielo
efecto invernadero: elevación de la temperatura de la atmósfera
encargar: encomendar
estiércol: excremento
ganadería: cría de ganado
garantizar: asegurar
glaciar: masa de hielo
grado: unidad con que se mide la temperatura
huracán: viento muy violento, que destruye los sitios por donde pasa
infrarrojo(a): rayo de alto poder calorífico
involucrado(a): implicado(a)
manglar: terreno poblado de mangles, que son arbustos cuyas ramas tocan el suelo y abrigan diversos tipos de vida tropical

marea: ascenso y descenso del mar
naturaleza: el conjunto de todo lo que compone el universo
nube: masa de vapor en la atmósfera, que se convierte en lluvia
ola: elevación de agua en el mar
pez: vertebrado que vive en el agua
refinería: planta industrial en que se transforma el petróleo bruto en sus derivados
refractar: cambiar la dirección de un rayo de luz
rastrero(a): que se arrastra
rojo: color carmín
rotura: ruptura
sequía: estiaje
siglo: período de 100 años
tala: desbroce, deforestación
tasa: tributo
valle: terreno plano entre montañas
verano: estación más calurosa del año
vertedero: lugar donde se depositan desechos

Santillana
Torrelaguna, 60. 28043 Madrid

Dirección: Paul Berry
Gerencia editorial: Sandra Possas
Coordinación de arte: Christiane Borin
Edición: Adriana Pedro de Almeida
Asistencia editorial: Carolina Martins
Texto: Lilia Regina S. Menezes Bentiviegna
Traducción: Maria Inés Alvarez Ayusa
Revisión técnica: Daniella Almeida Barroso
Revisión: Carol Gama, Manuel Quilarque
Revisión lingüística: Eugenia Flavian
Proyecto gráfico y cubierta: Banana Biônica Design
Edición de arte: Christiane Borin, Banana Biônica Design
Asistencia de arte: Hulda Melo
Maquetación: Banana Biônica Design
Ilustración: Marco Aurélio/Estúdio Manga, Daniel Brito
Captura de fotos: Rosana Carneiro
Impressão e acabamento: Meta Brasil
Lote: 799620
Cód: 12057602

Dados Internacionais de Catalogação na Publicação (CIP)
(Câmara Brasileira do Livro, SP, Brasil)

Aprendiendo sobre el calentamiento global. — São Paulo : Moderna, 2007.

1. Aquecimento global – Estudo e ensino.

07-10299   CDD-551.525307

Índice para catálogo sistemático:

1. Aquecimento global : Estudo e ensino
551.525307

ISBN: 978-85-16-05760-2

Reservados todos los derechos.

SANTILLANA ESPAÑOL
SANTILLANA EDUCAÇÃO LTDA.
Rua Padre Adelino, 758, 3º andar – Belenzinho
São Paulo – SP – Brasil – CEP 03303-904
www.santillanaespanol.com.br
2024
Impresso no Brasil

Aunque se hayan tomado todas las medidas para identificar y contactar a los titulares de los derechos de autor de los materiales reproducidos en esta obra, no siempre ha sido posible. La editorial se dispone a rectificar cualquier error de esta naturaleza siempre y cuando se lo notifiquen.

Embora todas as medidas tenham sido tomadas para identificar e contatar os titulares dos direitos autorais sobre os materiais reproduzidos nesta obra, isto nem sempre foi possível. A editora estará pronta a retificar quaisquer erros desta natureza assim que notificada.

Créditos fotográficos: Krill © Flip Nicklin/Minden Pictures/Latinstock; Imágenes de satelite de la desintegración de la plataforma de hielo Larsen B, 2002 © NASA/ Godard Space Flight Center Visualization Studio/ SPL/ Latinstock; Monte Everest © Brad Wrobleski/Masterfile/Other Images; Personas en área de inundación en la ciudad de Kehl, Alemania © Olivier Morin/AFP/Getty Images; Chica en un hospital © Ian Boddy/SPL/Latinstock; Huracán Rita en Havana, Cuba 09/2005 © Enrique de la Osa / epa / Corbis – Latinstock; Papel plástico transparente © Paulo Manzi; Coral Acropora sp. © Peter Scoones/Science Photo Library/SPL/ Latinstock; Sapo dorado © Michael Patricia Fogden / Minden Pictures – Latinstock; La gran barrera de coral en Australia © Ken Ross / Getty Images; Las demás imágenes son libres de derechos.

Fuentes:

① <www.profesorenlinea.cl/Ciencias/Efecto_invernadero.htm>. Acceso el 21 en. 2014. Adaptado.

② <www.periodistadigital.com/ciencia/medioambiente/2013/09/27/onu-ipcc-temperatura-cambio-climatico-nivel-del-mar.shtml>. Acceso el 23 en. 2014.

③ <datos.bancomundial.org/indicador/EN.ATM.CO2E.PC>. Acceso el 22 en. 2014.

④ <unfccc.int/portal_espanol/informacion_basica/protocolo_de_kyoto/items/6215.php>. Acceso el 23 en. 2014.

⑤ <www.elmundo.es/elmundo/2012/12/08/natura/1354983553.html>. Acceso el 23 en. 2014.

⑥ <ummundoglobal.blogspot.com.br/2011/01/2010-confirmado-no-topo-dos-anos-mais.html#!/2011/01/2010-confirmado-no-topo-dos-anos-mais.html>. Acceso el 22 en. 2014.

⑦ <www.esa.int/por/ESA_in_your_country/Portugal/Satelite_capta_desintegracao_de_gelo_na_Antartida>. Acceso el 22 en. 2014. Adaptado.

⑧ <sociedad.elpais.com/sociedad/2013/09/27/actualidad/1380271116_853994.html>. Acceso el 22 en. 2014.

⑨ <eradicatehunger.org/pdf/Anti_Hunger_ES.pdf> p. 22. Acceso el 23 en. 2014.

⑩ <cienciasycosas.wordpress.com/2011/03/26/huracanes-terremotos-y-cambio-climatico/>.

<http://www.monografias.com/trabajos52/cambio-climatico/cambio-climatico2.shtml>. Ambos con acceso el 23 en. 2014.

⑪ <waste.ideal.es/cambioclimatico11.htm>. Acceso el 23 en. 2014.

⑫ <www.bbc.co.uk/mundo/noticias/2012/10/121002_arrecife_gran_barrera_perdida_am.shtml>. Acceso el 23 en. 2014.

⑬ <centrodeartigos.com/articulos-enciclopedicos/article_80043.html>. Acceso el 23 en. 2014.

⑭ <www.cronica.com.mx/notas/2011/607757.html>. Acceso el 23 en. 2014